HYMNE A L'ÊTRE SUPRÊME.

DISCOURS
Sur le serment de haine à la royauté et à l'anarchie

ET

IMPRÉCATION
CONTRE LES PARJURES.

Pour la Fête du 2 Pluviôse, an VII de la République française,

ANNIVERSAIRE DU 21 JANVIER 1793.

PAR

L'E C.n F. V. MULOT,

ancien Député de Paris à la première Législature, Professeur de belles Lettres, Membre du Lycée des Arts, et de la Société libre des Sciences, Lettres et Arts de Paris.

MAYENCE,

chez ANDRÉ CRASS, Imprimeur du Département.

*P*RENEZ *les saints cahiers ; car la Bible a du bon.*
Vous y verrez que Dieu, qui souvent a raison,
Pouvant punir les juifs, en leur donnant la peste,
Leur fit présent des rois, don cent fois plus funeste.

    M. J. CHÉNIER, Conférence de Pie VI et de Louis XVIII.

A L'ÊTRE SUPRÊME.

HYMNE.

ÊTRE invisible et grand, Père de la nature!
Écoute de nos voix les sincères accens :
Il partent de nos cœurs ; offrande simple et pure
    C'est l'hommage de tes enfans.

Quand l'Univers parût, fruit de ta voix féconde,
Chaque objet s'embellit des dons de ta bonté,
Et l'homme, ton chef d'œuvre, en entrant dans ce monde,
    Reçut de toi la Liberté.

Oubliant sa grandeur, et ton présent auguste,
On vit bientôt, hélas! le trop ingrat mortel,
Pour obtenir un roi, de sa demande injuste,
    En foule, assaillir ton autel.

Je crois t'entendre encor lui dévoiler, en père,
Les fureurs des tyrans et leurs dangereux droits;
Mais l'homme persista; dans ta juste colère,
    Tu souffris qu'il se fît des rois.

De siècles malheureux la dure expérience
Vint enfin l'éclairer sur sa trop longue erreur;
Il reconquit ses droits, et la reconnoissance
    Reprit tous les siens sur son cœur.

Les trônes renversés attestent sa victoire.
Libre, dans la nature il a puisé ses lois:
Et, fier de tes bienfaits, il met toute sa gloire
    A jurer la haine des rois.

Du joug de ses tyrans la première affranchie,
Puisse notre patrie apprendre à l'Univers
A briser, d'un seul coup, des rois, de l'anarchie
    Et les échaffauds et les fers.

Grand Dieu, qui des humains régis les destinées
Fais les s'unir ensemble et s'aimer à jamais!
Et que les Nations, libres et fortunées,
    Enfin jouissent de la paix.

F. V. MULOT.

DISCOURS

Prononcé à Mayence le 2 Pluviôse, an VII de la République française, Anniversaire du 21 Janvier 1793.

Quoique l'homme, dont le cœur droit est habité par les vertus, n'ait pas besoin pour ses engagemens particuliers de les cimenter par un serment; il n'en est pas ainsi dans les espèces de transactions politiques que font entre eux les peuples et ceux qui les gouvernent. Il faut que mutuellement ils s'enchaînent par l'obligation solemnelle d'exécuter leurs devoirs réciproques et de concourir, chacun en leur partie, au bonheur commun de tous.

Delà ce serment que les peuples firent constamment prêter aux rois qu'ils se sont donnés, ou qu'ils ont consenti de se laisser succéder par le droit de la naissance, et ceux que les rois exigèrent des peuples pour s'assurer de leur fidélité.

Je dirai même qu'on ne saurait regarder comme paradoxe la nécessité de ces sortes de sermens : C'est en effet en présence de l'être suprême et d'une nation toute entière qu'ils se prononcent; et cet engagement auguste ne saurait être violé sans que l'infraction puisse être aussitôt punie par la nation garante et protectrice du contrat qu'elle a fait ou reçu, ou sans que Dieu, que tout homme sensé considère avec confiance comme remunérateur des vertus et vengeur des crimes secrets, n'inflige ou ne réserve au coupable la punition de son parjure. C'est cette idée de la vengeance céleste et de celle des lois qui retient dans le cercle de ses devoirs la masse presqu'entière des hommes, laquelle ne se décide presque toujours dans sa conduite que par la considération des avantages ou des maux qui peuvent en résulter; des hommes dont le mobile véritable est *l'amour de soi*, amour trop décrié par la tourbe des théologiens chez qui les préjugés des écoles étouffent la raison, trop exalté par celle de quelques philosophes ennemis et destructeurs de tout principe religieux; mais que le grand art des moralistes est d'exciter ou de contenir ou de régulariser dans ses mouvemens.

Cette nécessité du serment se montre bien plus clairement encore chez les nations qui sortent d'une crise politique.

Pendant les révolutions les passions s'agitent, les opinions se heurtent, et le système du gouvernement qui succombe, conserve des défenseurs zélés qu'animent l'habitude, l'intérêt, le désespoir, et qui s'efforcent, par mille moyens, de se relever lors même que le système de gouvernement qui lui succède est évidemment le meilleur.

Ainsi, dans notre mémorable révolution, les partisans des rois se sont coalisés contre la République naissante : les défenseurs des tyrans se sont ligués contre les amis de la liberté, et dans leur aveugle phrénésie, ils ont réuni aux torches du royalisme, celles du fanatisme et de l'anarchie délirante, croyant pouvoir incendier les titres où sont inscrits les droits de l'homme, comme si ces titres n'étoient point les lois impérissables de la nature gravées par le doigt de son auteur dans le cœur des humains.

Au milieu de cette tourmente, et pour s'assurer de la solidité de l'édifice républicain, que la Nation française élevait sur les débris du trône, elle a voulu cette nation digne de la gloire qui environne son berceau, elle a voulu que régulièrement tous les ans se fît l'essai des colonnes qui le supportent et le soutiennent, et cet essai, c'est le serment de haine à la royauté et à l'anarchie qu'elle demande de ses fonctionnaires. Le décret qui l'ordonne tant calomnié par les esclaves des rois, si mal interprêté par les faux apôtres de la divinité, honore également et ceux qui l'ont rendu et ceux qu'il concerne. La nation, représentée, par son sénat, a cru à la probité, à la loyauté des Français; elle n'a pas soupçonné qu'un seul d'entre eux put agir ou parler contre sa conscience, et, d'après sa confiance dans la vertu publique, elle s'est reposée sur la foi du serment, pour laisser entre les mains de ceux qui les exercent les fonctions qu'elle leur a respectivement confiées.

Qu'elle se trouve bien de cette mesure! Liés par ce serment, voyez quels efforts les membres du Directoire exécutif font pour le maintien et la gloire de la République et comptez leurs succés; voyez l'harmonie qui règne au sein des deux conseils dans les plans conservateurs de la République.

Voyez l'accord des Administrateurs, des Juges et de toutes les classes de fonctionnaires, pour arriver au même but.

Le même serment échauffe nos guerriers; ajoute à leur bravoure naturelle, et, depuis le Général qui commande, jusqu'au dernier soldat, vous voyez briller les fruits glorieux du sentiment que ce serment exprime.

Ils en ceuilleront de ces fruits de gloire, de ces lauriers immortels, ces jeunes conscrits qui, sortant du sein de leur famille et se dérobant aux tendres embrassemens de leur mères inquiêtes sur leur destinée, se sont levés à la voix de la patrie, pour se ranger et vaincre sous ses drapeaux. Ils ne marcheront qu'à la victoire; j'en jure par l'élan spontané de leur cœur pour prêter le serment auguste, qu'ils ont pour la première fois prononcé, de hair à jamais les anarchistes et les tyrans.

Au milieu de cet accord harmonieux et touchant de toutes les voix des fonctionnaires de la France, nous fonctionnaires des Départemens, nouvellement formés sur les rives du Rhin, voudrions nous, timides et trop discrets, nous borner au serment que la prudence du Commissaire du Gouvernement lui a fait tracer dans les réglemens particuliers qu'il a publiés dans ce pays?

Sans doute la loi n'en exige pas d'avantage. On ne saurait nous faire un crime de n'avoir pas excédé la loi; mais chargés des fonctions augustes de faire règner, dans ces contrées, les lois républicaines; chargés de les faire aimer et prospérer, chargés de former les esprits à la connaissance et à l'amour de ces lois, pourrons nous remplir nos devoirs si le sentiment généreux de la haine de la royauté n'est pas dans nos cœurs, et, s'il s'y trouve, comment pourrions nous en comprimer l'élan quand toutes les voix de tous les Français qui nous environnent le manifestent avec tant d'ardeur.

Aux premiers momens de l'arrivée du Commissaire sur le bord de ces nouvelles limites, on pouvoit excuser la timidité de quelques hommes craintifs, que l'incertitude des événemens empêchait de se prononcer; mais aujourdh'ui qu'aurions nous à craindre? Les princes qui y dominoient, instruits par l'expérience et par les leçons que leur ont données nos troupes victorieuses, n'ont ils pas renoncé à leurs prétentions cis-rhénanes? Leurs amis voudroient ils, vous les faire croire perfides dans l'abandon qu'ils en ont fait, pour vous maintenir sous leur servitude? Et, s'ils s'étoient réellement, ne pourrions nous pas reproduire en Allemagne les merveilles de nos armées en Italie? Leurs soldats ne sont pas plus formidables que les troupes de *Ferdinand* et d'*Amédée*. Les sujets grossiers du *Commode* ridicule de la Russie qui ont mis tant de temps à s'ébranler pour arriver aux portes des états héréditaires, seroient ils capables de porter quelqu'effroy dans nos ames? Quoique plus féroces peut-être que les bêtes sauvages dont ils ont, pour se couvrir arraché les dépouilles, une simple battue suffirait pour les détruire comme elles.

Serait-ce un sentiment moins ignoble que la peur qui vous priveroit d'unir votre serment au serment général du peuple français?

Quelques fanatiques hypocrites, influençant vos ames, vous auroient ils dit que c'est prostituer le serment que de faire jurer la haine des rois qui, comme nous, sont des enfans de la nature? Vous auraient ils dit qu'on ne peut commander la haine qui est un sentiment, parcequ'un sentiment ne se commande jamais? Les perfides calomniateurs de la nation généreuse qui les tolère ne cesseront ils donc jamais de tromper les trop crédules humains!

Non; ce n'est pas la haine des rois, comme individus, que la France désire dans le cœur de ses fonctionnaires: c'est la haine de la royauté en général comme fléau de la nature:

c'est la haine sur-tout de la royauté en France où chacun de nous veut jouir de la liberté, et de tous ses droits incompatibles avec les droits du trône.

Non; ce n'est pas la haine des rois en eux mêmes : n'avons nous point des alliances avec quelques uns d'entre eux, et des alliances regardées comme sacrées? si *Ferdinand* n'eut pas, en violant la foi des traités, marché contre la France; si *Amédée* n'eut pas été traître envers nous, *Ferdinand* ne régnerait-il pas à Naples, et le ci-devant roi de Piémont ne serait-il pas encore assis sur le trône où nos armes l'avoient maintenu?

Ce n'est pas non plus un sentiment qu'elle commande; c'est l'expression d'un sentiment qu'elle suppose dans nos ames et qu'elle a droit d'exiger de tous ceux qu'elle employe au maintien de la liberté, et qui sont indignes des fonctions républicaines s'ils ne savent pas hair les oppresseurs de l'humanité.

Non, je le répète, rien ne doit faire hésiter un seul des habitans de ces rives, si anciennement françaises, à unir sa voix à la notre pour prononcer le serment que j'appellerais avec orgueil le serment français, s'il ne devait pas être celui de tous les hommes qui ont la conscience de la dignité et l'amour de leur liberté.

Que les autorités premières, toujours renfermées dans le cercle de leurs devoirs, ne proposent donc que le serment de fidélité à la République; nous tous qui aimons la France, sa gloire, et notre bonheur, nous jurerons spontanément haine à la royauté et à ses instrumens les plus funestes le fanatisme et l'anarchie.

F. V. MULOT.

IMPRÉCATION
contre les Parjures.

Le voilà donc prononcé le serment de vivre libres ! tous nos cœurs, confondus en un seul sentiment, ont voué la haine à la double tyrannie des anarchistes et des rois. Les voutes de ce temple se sont plûes à répéter ce serment formidable. Le Dieu, qui est la vérité par essence, a compté nos voix au même instant où la patrie recueillait nos engagemens. Comptables à tous deux de ces vœux qui nous lient, tous deux puniront les parjures.

Oui: s'il en était un seul, qui, frustrant notre attente, traître envers son pays, ingrat envers Dieu même, voulut, esclave des rois, seconder contre nous leurs téméraires efforts, Que son nom soit rayé de la liste des Français ! Qu'il aille, dans les camps ennemis, lutter contre ses remords, se courber sous le poids du sceptre, et moissonner le mépris qui l'attend ; et s'il reparait sur les terres de la Liberté, Que le glaive de la loi frappe sa tête exécrable! Que son corps soit ravi au tombeau de ses pères! Que sa cendre dispersée ne laisse aucune trace de son existence; Et que sa mémoire abhorrée ne parvienne aux derniers âges que pour l'éffroi des parjures, et la leçon des tyrans!

F. V. MULOT.